NOTE

SUR LE

CHEMIN DE FER.

DE

MARSEILLE AU RHONE.

PARIS,

Imprimerie de BEAULE, rue François Miron, N° 8, derrière l'Hôtel-de-Ville.

1840.

NOTE

sur le

CHEMIN DE FER DE MARSEILLE

AU RHONE.

———————◆◆◆◆———————

TRACÉ DE LA VALLÉE DU RHONE.

———————◆◆◆———————

Ce tracé réunit trois avantages qui tous les trois sont capitaux, et qui lui donnent une incontestable supériorité sur celui de la vallée de l'Arc.

1° *Avantage agricole.* 2° *Avantage commercial.* 3° *Avantage politique.*

———————◆◆◆◆———————

1° AVANTAGE AGRICOLE.

Le chemin de fer de la vallée du Rhône, en facilitant l'accès et l'exploitation d'une contrée trop négligée jusqu'à ce jour, est destiné à en faire la richesse et à contribuer d'une manière notable à l'accroissement de la fortune publique.

Le Delta, et nous donnons ce nom à toutes les terres qui se trouvent, soit sur les deux rives du fleuve, soit entre les branches de ses embouchures, renferme plus de 150,000 hectares qui sont presque sans culture ou dont le mode d'exploitation est vicieux. Ce fâcheux état vient de ce que le pays, à-peu-près dénué de routes, reste en dehors du mouvement régénérateur qui se manifeste de toutes parts.

Plusieurs propriétaires ont déjà fait des tentatives dignes de fixer toute l'attention du gouvernement. La persévérance de leurs efforts, plus de 4,000,000 de francs dépensés par eux, en améliorations utiles, semblaient devoir leur donner le droit de compter sur les encouragemens efficaces, sur la bienveillante protection de l'État ; cependant on n'a rien fait pour eux.

Il n'y a pas une route royale dans tout le Delta, il n'y a qu'une seule route départementale ; et encore celle-ci le traverse-t-elle dans sa partie supérieure et la plus étroite, sur une étendue de 2 kilomètrestout au plus. Le reste en est absolument privé. Les chemins vicinaux, si toutefois on peut les appeler de ce nom, sont de véritables fondrières tout-à-fait impraticables pendant la plus grande partie de l'année. La commune d'Arles n'est pas assez riche pour subvenir aux frais de leur entretien. L'exiger d'elle, serait lui imposer une tâche impossible; son territoire est trop étendu pour qu'elle puisse suffire aux besoins de sa viabilité. Aussi le sol de cette contrée, dont la fécondité pourrait égaler celle des plaines de la Basse-Egypte, languit-il dans un état d'engourdissement qu'il doit à l'oubli dont il a été et dont il est encore victime.

L'hectare n'y vaut moyennement que 2 à 300 fr., et les 150,000 hectares du Delta donnent à peine à l'état un revenu de 300,000 fr.

Le chemin de fer de Marseille mettrait ces terres, qui en sont aujourd'hui à une journée de marche, dans la banlieue de cette ville; elles en deviendraient le jardin et en assureraient l'approvisionnement. Leur proximité attirant alors les capitaux et l'industrie, d'importans travaux leur feraient éprouver les bienfaits de l'irrigation, en amélioreraient la culture et en décupleraient proba-

blement. en peu d'années, la valeur (1). L'État ver-
rait alors son revenu s'élever à 2 ou 3,000,000 :
c'est-à-dire que l'impôt foncier d'une seule année,
représenterait à plus de 10 p. %, l'intérêt du capital exigé pour l'exécution du chemin; capital qui
ne dépasserait pas 25,000,000, ainsi que nous le
dirons tout à l'heure.

Ces espérances ne sont ni exagérées, ni hypo-
thétiques; elles ressortent naturellement des cal-
culs présentés par M. Poulle, ingénieur en chef
du canal d'Arles, dans son remarquable mémoire
pour l'amélioration générale de la Camargue, et
se changent en conviction chez toutes les personnes
qui connaissent et apprécient cette localité.

Le chemin de fer de la vallée du Rhône se
distingue par un autre avantage essentiel. Cet
avantage réside dans la possibilité de le prolonger
par la voie la plus courte et presqu'en droite ligne
sur Montpellier en touchant à Notre-Dame de la
Mer, à Peccais, à Aigues-Mortes et à Mauguio,

---

(1) Deux d'humidité multipliés par deux de chaleur font bien quatre ;
mais quatre d'humidité multipliés par quatre de chaleur, font seize.
Voilà le Nord, voilà le Midi, quand le Midi aura accompli sa tâche.

(AUGUSTE DE GASPARIN.)

toutes villes déchues, délaissées, exilées à l'extrémité de la France, et qui n'attendent que cette création pour sortir de leur anéantissement. De cette manière Marseille serait directement unie au Languedoc, à la Guyenne et à l'Espagne.

Plusieurs propriétaires du Delta réunis, ont présenté au directeur-général des ponts-et-chaussées un mémoire tendant à obtenir l'achèvement d'un canal latéral à la mer, qui partant du fort de Peccais au point d'arrivée du canal de Bourgidou, irait aboutir au canal de Bouc; dans le cas où leur demande serait agréée, il suffirait de poser des rails sur la chaussée de ce canal dans toute sa longueur, le chemin se développerait ensuite à travers la plaine jusqu'à Montpellier. Cette contrée qui nécessite à peine quelques travaux d'art, dont le sol est d'une horizontalité presque parfaite, où les terrassemens s'exécutent avec une extrême facilité, permet d'y établir des chemins de fer avec une économie qui partout ailleurs paraîtrait incroyable. Ce travail qui dessécherait le pays, qui le préserverait des invasions de la mer, l'assainirait à jamais en même temps qu'il en changerait l'aspect, et assurerait les communications commerciales en temps de guerre comme en temps de paix. Il aurait 78 kilomètres de développement, ne coûterait pas 10,000,000, chemin de fer et canal compris, et serait cependant bien plus utile que le projet pour lequel le gouvernement demande aujourd'hui 14,000,000. Les propriétaires s'empressent d'offrir la cession gratuite de tout le terrain nécessaire à la réalisation de ce plan et prennent l'engagement d'y contribuer de tous les moyens dont ils disposent. De cette manière le système de viabilité de cette partie de la France serait terminé. En cas de guerre, le petit cabotage se ferait en toute sécurité au moyen du canal latéral que l'on pourrait élargir vers sa jonction avec le canal de Bouc, afin d'y donner accès aux grands bateaux à vapeur du Rhône. On aurait ainsi des routes sûres, commodes, rapides et économiques; les débarquemens frauduleux ou clandestins deviendraient impossibles ; la défense du littoral depuis Marseille jusqu'à Cette serait complétée, le transport de la houille facilité, le service des côtes assuré, la contrebande empêchée, et les dépenses du personnel de l'administration des douanes, considérablement réduites.

Pour obtenir ces résultats, il n'est pas nécessaire de prolonger le chemin de fer jusqu'à Tarascon ; il suffit de le faire arriver sur les bords du Rhône au point dit de Chamone, à quelque distance en amont de la tour Saint-Louis, à 12 kilomètres environ de l'embouchure du fleuve (1). On peut ainsi retrancher 44 kilomètres à la longueur du tracé et réaliser une économie d'au moins 15,000,000. Les deux tiers seulement de cette économie appliqués aux travaux que l'état actuel du Rhône rend indispensables, lui assureraient une profondeur moyenne d'environ 1 mètre 50 cent., doteraient la France de la plus belle ligne fluviale de l'Europe, et réaliseraient au milieu de nous, les merveilles de la navigation à vapeur du Mississipi et de l'Ohio.

On pourrait alors donner aux bateaux un tonnage plus élevé, les armer de machines plus puissantes et par conséquent augmenter considérablement leur vitesse. Cette navigation qui sur le Rhône est déjà presque aussi rapide, à la descente,

(1) M. Alphonse Peyret-Lallier, a publié l'année dernière une brochure dans laquelle ce projet a été émis pour la première fois ; l'évidence de son utilité nous engage à insister de nouveau sur son adoption.

(24 *à* 28 *kilomètres à l'heure*) que la circulation sur les chemins de fer, mais qui est bien plus commode et bien plus favorable aux intérêts commerciaux, au lieu de s'arrêter à Tarascon se continuerait jusqu'au point où elle rencontrerait l'arrivée du chemin de fer.

On sait que de petits navires nommés *allèges* dans le pays, qui font le cabotage des côtes entre Arles et les ports voisins et qui ont un tirant d'eau de 1 mètre 75 cent. à 1 mètre 80 cent., peuvent remonter à la voile jusqu'à Beaucaire. Ce serait donc renoncer gratuitement et bien mal-à-propos à un précieux avantage, que de ne pas profiter du fleuve dans la plus belle portion de son cours, et de suspendre la navigation à vapeur précisément au point où elle devrait commencer à produire ses plus admirables résultats.

Ce système, qui, comme on le voit, réduit la dépense dans une proportion considérable, a pour but d'utiliser la navigation fluviale dans la partie où elle est le plus facile et où elle s'exécute avec le moins de frais. Nous exposerons bientôt les avantages économiques qui en sont la conséquence.

Plus tard, si les besoins commerciaux l'exigeaient, on pourrait, sans rien changer au travail primitif, dont l'utilité resterait la même, prolonger le chemin de fer sur le point où l'on jugerait convenable de le diriger et le faire arriver, soit à Arles, soit à Tarascon, soit à Avignon. Ce qui est urgent, ce qui est indispensable aujourd'hui c'est de mettre Marseille en communication intime avec le Rhône. La voie la plus courte sera toujours la meilleure. De plus longs délais deviendraient funestes à cette ville ; elle réclame vivement le terme d'un état de choses qui en suspendant le cours de sa prospérité réagit d'une manière fâcheuse sur le commerce du reste de la France.

Reprocherait-on à ce tracé d'aboutir à un point désert? mais cette circonstance est précisément une condition favorable pour celui qui sera chargé de l'exécuter. En effet les propriétaires lui abandonnent gratuitement pour l'établissement de la voie et de la gare d'arrivée, tout le terrain qui lui sera nécessaire et dont il ne pourrait faire l'acquisition dans le voisinage d'Arles ou de Tarascon qu'à un taux inévitablement très-élevé. On sait combien l'abord et l'entrée des villes sont dispendieux. On peut en outre construire dans cette lo-

calité avec une extrême économie, le transport
des pierres de taille de Beaucaire et de Fonvieille
s'y faisant par le Rhône à un prix excessivement
modéré.

2° AVANTAGE COMMERCIAL.

Les nombreux échanges qui ont lieu entre le
Nord et le Midi, l'importance du commerce inté-
rieur et du commerce de transit, le mouvement
et le nombre sans cesse croissant des voyageurs,
tout nécessite des voies de communication promp-
tes et surtout économiques.

De Chamone à Marseille, le chemin de fer n'aurait que 60 kilomètres d'étendue, tandis qu'il en aurait à-peu-près 44 de plus si son point de départ était
fixé à Tarascon; c'est plus des deux tiers en sus.

En supposant le tarif du chemin de fer arrêté
à 10 cent. par voyageur et à 20 cent. par tonneau
de marchandises, et celui de la navigation à vapeur
à 2 cent. par personne et à 6 cent. par tonne et par
kilomètre (1), le prix du transport entre Tarascon

(1) Les bateaux à vapeur de la Saône transportent avec bénéfice les
voyageurs à raison de 0,015 et les militaires à moitié prix. Ceux du
Rhône, dont le tonnage est beaucoup plus élevé, seront, ainsi que nous
l'avons fait remarquer, dans une situation encore plus favorable dès que le
lit du fleuve aura reçu les améliorations qu'il exige.

et Marseille serait : dans le premier cas, où l'on suppose l'emploi combiné du Rhône et du chemin de fer, de 6 f. 96 par personne, et de 14 f. 88 par tonne. Dans le second, où l'on se borne à l'usage du chemin de fer, ce prix s'élève à 10 fr. 40 pour les voyageurs et 20 fr. 80 pour les marchandises. C'est une différence de 3 fr. 44 par personne et de 5 fr. 92 par tonne. Si l'on admet, ce qui est probable, une circulation annuelle de 300,000 voyageurs et de 100,000 tonnes de marchandises, cette différence monte à 1,624,000 fr. Le commerce et le pays gagneraient donc chaque année 1,624,000 fr. en utilisant le Rhône jusqu'à Chamone, économie qui représente un capital de 32,480,000 fr.

Si l'on ajoute à cette somme les 15,000,000 que coûterait la partie du chemin de Tarascon à Marseille, qui ne pourrait soutenir la concurrence du fleuve, ni par conséquent payer l'intérêt des frais de construction, on arrive à l'énorme chiffre de 47,480,000 fr., qui représente la supériorité de la voie fluviale sur la voie de fer. Pourrait-on espérer que l'industrie consentît à réaliser un projet si coûteux, pour donner à quelques voyageurs le vain plaisir d'arriver une heure plus tôt.

D'un autre côté, dans le cas où le chemin de fer de Marseille serait prolongé jusqu'à Montpellier, celui qui passerait par Bouc, n'aurait que 138 kil. de développement, tandis que celui qui ferait le contour de Beaucaire en compterait 172. Le premier serait donc de 34 kil. plus court que le second, ce qui fait une différence de 3 fr. 40 c. par voyageur, et de 6 fr. 80 c. par tonne de marchandises, et donne, sur un mouvement de 100,000 personnes et de 50,000 tonnes, une économie annuelle de 680,000 fr., qui seraient dépensés en pure perte dans le premier cas.

En outre, cette différence de 34 kil. allongerait le voyage d'une heure et conduirait à cette bizarre conséquence, qu'on serait dans l'obligation de payer plus cher pour arriver moins vîte. Un pareil état de choses serait un véritable tribut injustement imposé aux relations de l'Ouest avec la Provence au détriment du pays tout entier, car il ne profiterait à personne.

C'est une erreur de penser que le chemin de fer de Marseille doit nécessairement être un prolongement de celui d'Alais. Nous examinerons tout-à-l'heure la question du transport des houilles, et nous verrons que ce prétendu transport est une conception aussi dérisoire qu'elle est impraticable. Mais dès à présent on peut avancer hardiment que ce serait avec une extrême répugnance que les voyageurs de Montpellier seraient forcés de faire le circuit de Beaucaire, tandis qu'il serait si aisé, ainsi que nous l'avons fait remarquer, de lier leur ville à Marseille par une ligne presque droite. Quant aux marchandises du Languedoc et de toutes la région de l'Ouest, la navigation à vapeur de Cette leur offre un mode de transport dont le chemin de fer, aussi inutilement allongé, serait loin de compenser les avantages.

3° AVANTAGE POLITIQUE.

Nous venons d'énumérer rapidement quelques-uns des effets généraux produits par le chemin de fer de la vallée du Rhône, celui qu'il nous reste à examiner mérite la plus sérieuse considération ; suivant nous, il suffirait seul pour déterminer la supériorité de ce tracé sur tous ceux qu'on pourrait lui opposer.

Nous ne pouvons nous dispenser d'un second

port de guerre dans la Méditerranée. La concentration des forces européennes sur cette mer, nos possessions de l'Algérie, les armemens et les approvisionnemens qu'elles nécessitent, l'avenir qui est de nouveau réservé à l'Orient, tout exige que nous augmentions nos ressources et que nous ne restions pas au-dessous des obligations que les circonstances nous imposent. Les sacrifices nécessaires à la puissance et à la gloire d'un grand peuple, ne doivent pas se calculer, l'honneur ne se marchande pas; l'économie alors est une mauvaise conseillère, un moment d'hésitation peut devenir une faute irréparable.

Le port de Bouc, qui est aujourd'hui à-peu-près ignoré, est un point de la plus haute importance commerciale et militaire; tous les efforts du gouvernement doivent tendre à la lui donner. Pour y parvenir à l'aide des moyens ordinaires, il faudrait d'abord en faire un lieu fréquenté, y appeler la population, y susciter le mouvement, y provoquer artificiellement la vie, en un mot, il faudrait y créer une ville de toutes pièces, ce que l'on n'obtiendrait pas sans de prodigieux efforts et d'énormes dépenses. D'après le projet que nous proposons, il est facile de voir au contraire que cet inappréciable résultat arriverait de lui-même, sans secousse, naturellement, inévitablement, par la seule force du temps et des choses.

Ce port, par sa situation, est destiné à tenir une grande place dans le rôle que notre marine est appelée à jouer. C'était la pensée de l'empereur, le temps lui a manqué pour l'exécuter. Le bassin en est vaste ; il a plus de 47 hectares. A l'aide de faciles travaux, on peut l'approfondir et le rendre capable d'abriter toute une flotte. D'ailleurs l'étang de Caronte, qui est en communication avec lui et sur les bords duquel il serait si aisé d'établir de vastes magasins et des cales pour la construction des navires, peut servir au besoin à lui donner une extension illimitée. Par derrière est l'étang de Berre, qui à lui seul est un petit océan.

Port-Vendre, auquel la loi du 19 juillet 1837 a affecté 1,600,000 fr., ne sera jamais qu'un lieu de refuge pour les bâtimens poursuivis par l'ennemi ou battus par la tempête. Il est dans une position trop excentrique, pour que l'on puisse en attendre d'autres services. Ce ne sont pas seulement les rades sûres, ce sont aussi les moyens économiques de transport en temps de guerre comme en en temps de paix, qui doivent décider du choix des ports militaires, et Port-Vendre n'a qu'une route royale.

Bouc est dans une situation infiniment meilleure ; il est aussi plus heureusement placé que Toulon. Les transports s'y feraient bien plus économiquement, et ne pourraient jamais être contrariés par la guerre ou par le mauvais temps. Au moyen du Rhône, Bouc communique avec la Loire, la Seine et le Rhin ; il se trouve en relation intime avec de riches contrées, de vastes usines, de grands centres industriels, et par conséquent il peut facilement recevoir le bois, le fer, le chanvre, la houille et tous les autres approvisionnemens ordinaires des arsenaux maritimes. C'est la position la plus favorable que l'on puisse désirer.

TRACÉ PAR LA VALLÉE DE L'ARC.

Si l'on suppose le point de départ du chemin de fer fixé à Tarascon, le premier tracé dont nous venons de parler, rencontre les villes d'Arles, de Bouc et des Martigues. Celui-ci n'en dessert qu'une seule, Salon, qui est moins peuplée que les Martigues et qui ne peut, sous aucun rapport, être comparée à l'importance des ports d'Arles et de Bouc. En général, cette ligne presque tout entière se développe à travers un pays aride, sec et naturellement stérile ; c'est à peine si l'on découvre çà et là quelques traces de végétation dans des gorges étroites, des vallées resserrées. La contrée est singulièrement triste ; elle est pauvre, sauvage et ne laisse aucun espoir de régénération. Pour qui a parcouru ce pays et le Delta, il n'y a aucune analogie. Quant au port de Bouc, au chemin de fer de Montpellier, au canal du littoral, à la défense des côtes, à l'accroissement des revenus de l'État, à l'économie dans les frais de transport à tous ces admirables résultats que nous avons succinctement indiqués, il ne faut plus y songer.

En un mot, cette ligne qui, loin de présenter les avantages de la précédente, les rend peut-être à jamais impossibles, offre, si nous sommes bien informés, pour unique compensation, un parcours de 8 kil. de moins, c'est-à-dire une différence d'un quart d'heure dans la durée du trajet. Ce résultat n'a pas besoin de commentaire.

DU MODE D'EXÉCUTION.

En thèse générale, nous pensons que l'État devrait seul se charger de toutes les grandes lignes de chemin de fer. L'état est le capitaliste qui a le plus de crédit, l'ingénieur qui a le plus de talent, l'entrepreneur qui dispose du plus de ressources. Il a une administration habile et organisée, qui n'attend que des ordres pour agir; en outre, il ne songe et ne peut songer à faire ce que l'on appelle un bénéfice, car son intérêt se confond avec l'intérêt public, et il a mille moyens de retirer un profit indirect de ses travaux.

Ce système a ses défauts sans doute, mais quel est celui qui se trouve à l'abri de tout reproche ; il suffit seulement qu'il présente des avantages plus solides et plus réels que tous les autres, pour que l'on doive lui donner la préférence. Dans ce monde, rechercher le parfait serait rechercher l'impossible, l'exiger serait folie; il faut se borner à distinguer le meilleur en toutes choses et savoir s'en contenter. La garantie d'intérêt, la prise d'action, sont des moyens qui ne sont bons qu'à encourager l'agiotage, ou à rendre l'État dupe des compagnies, du moins nous le pensons.

Cela posé , quelles que soient les exceptions auxquelles les circonstances obligent, il est certaines routes de fer qui par leur importance, par la gravité des intérêts qui y sont attachés, ne sauraient dépendre que de lui, et sur lesquelles il ne peut ni ne doit céder des droits qui sont les droits mêmes de la société qu'il représente et dont il est le tuteur. Les aliéner serait en méconnaître l'utilité, en sacrifier les services et en exposer imprudemment l'avenir.

Sous ce rapport, la réalisation du chemin de fer de Marseille lui appartient à tous les titres. Ce n'est pas l'élévation de la dépense qui peut le retenir, nous avons indiqué comment on pourrait provisoirement en abaisser le chiffre sans en changer les effets. D'ailleurs, un chemin de fer de cet ordre ne doit point être une question d'argent , la grandeur n'est pas une chose que l'on achète au rabais, et de plus il intéresse à un trop haut point la puissance du pays, pour pouvoir être abandonné sans danger à la spéculation particulière. On conçoit en effet tout le parti que le gouvernement est appelé à en retirer en temps de guerre, et combien les obstacles qui pourraient résulter de

l'usage d'une propriété privée, seraient capables
d'entraver, de paralyser et de compromettre son
action, dans un moment où ses devoirs lui com-
mandent le plus d'énergie.

Ce chemin doit avoir en outre une influence
tellement heureuse sur le commerce général, que
dans le cas où une compagnie réunirait 14 à
15,000,000 pour sa réalisation entre Tarascon
et Marseille, le gouvernement qui vient de sous-
crire pour une somme de 16,000,000 à celui d'Or-
léans, s'empresserait, nous n'en doutons pas, de
compléter le capital nécessaire, dût-il s'élever
à 40,000,000. Il en comprend trop bien l'importance pour hésiter, en face d'une dépense de
25,000,000, dont les résultats économiques et
politiques sont si clairement démontrés. Eh bien,
d'après notre système, en réduisant le tracé à
60 kil., ainsi que nous le proposons, il peut, s'il
le veut, créer à lui seul tout le chemin sans dé-
bourser une somme plus considérable que s'il se
fût agi de venir au secours d'une compagnie, avec
l'immense avantage d'en réunir dans ses mains la
propriété et la direction.

Au surplus, alors même que les motifs sur les-

quels nous avons insisté n'existeraient pas, ils ne
serait peut-être pas inutile en ce moment d'opposer l'administration pure et simple de l'État à celle
des compagnies. La comparaison pourrait avoir
des résultats avantageux. Ce qui se passe actuelle-
ment au sujet des canaux, démontre assez combien les entreprises particulières se jouent de l'intérêt public, et avec quelle opiniâtreté elles se mon-
trent rebelles à toutes voies d'accommodement.

DU TRANSPORT DE LA HOUILLE.

Nous croyons que l'on se fait illusion sur la
quantité de houille que le Midi consommera. Sauf
les bateaux à vapeur et quelques établissemens
industriels, l'usage n'en sera jamais très-répandu ;
la douceur du climat s'y opposera toujours. Ce ne
sont point les usines qui emploient le plus de
houille, c'est la consommation locale et privée.
De là vient que certains départemens en absorbent
des masses prodigieuses. On conçoit qu'elles arri-
vent à Lyon par 100,000 tonnes parce que de là
elles se répandent dans le Lyonnais, dans le Dau-
phiné, dans le Charollais, dans le Nivernais, dans

la Franche-Comté et jusque dans l'Alsace, toutes provinces où l'on se sert plus ou moins généralement de ce combustible; mais arrivées à Marseille, où iront-elles?

Au surplus les houilles de la Loire viendront toujours en concurrence avec celles du bassin d'Alais, si toutefois elles ne les priment pas. En effet par le chemin de fer d'Alais continué jusqu'à Marseille, la houille aura 180 kilomètres au moins à parcourir pour se rendre à sa destination, soit à 10 c. par tonne, 18 fr., tandis qu'elle y arrive de Rive-de-Gier, pour 11 fr. Mais nous avons gratuitement supposé le chemin de fer d'Alais dans les mêmes conditions que celui de Saint-Étienne à Lyon, ce qui n'est pas. Ce dernier qui donne lieu à un mouvement annuel de plus de 500,000 tonnes peut bien à cause de cette immense activité se contenter de 9 à 10 c., tandis que le second qui n'en transportera certainement pas 150,000, sera forcé de demander un prix plus élevé, et c'est faire un calcul assurément bien modéré que de supposer la tonne tarifée à raison de 15 c. Dans cette hypothèse le transport d'une tonne de houille des mines de la Grand-Combe à Marseille coûterait 27 fr. c'est-à-dire deux fois et demie autant que celle qui descendrait de Rive-de-Gier.

Ces chiffres prouvent assez que le chemin de fer de Marseille ne doit pas être destiné à charrier de la houille, mais seulement à mettre cette grande métropole commerciale de la Méditerranée en communication avec le Rhône par la voie la plus prompte, la plus directe et la plus économique.

CONCLUSION.

Essayons de nous résumer en quelques lignes.

Un département presqu'entier desséché et assaini; l'agriculture de cette partie de la France régénérée; des plaines incultes transformées en fertiles campagnes; la richesse et la population succédant à la pauvreté et à la solitude; les revenus de l'État portés de 300,000 fr. à près de 3,000,000 fr. Un excellent système de viabilité et de défense assuré; presque tous nos ports de la Méditerranée reliés entre eux; de vastes provinces unies par des voies de communication aussi rapides qu'économiques; des villes tristes, insalubres et désertes, arrachées à leur langueur et rappelées à la vie; le lit du Rhône amélioré, la navigation à va-

peur encouragée et développée, une économie annuelle de plus de 2,000,000 réalisée sur les frais
de transport; l'industrie ranimée ; le commerce
étendu et favorisé ; l'administration facilitée et
son personnel réduit ; les progrès de la civilisation
aidés par la circulation des idées et le mélange des
hommes ; un grand port militaire créé sans efforts ;
Marseille flanquée de deux places de guerre de premier ordre (TOULON et BOUC); ses relations devenues
plus sûres ; ses armemens protégés et défendus ; son
approvisionnement rendu abondant et varié. Arles
réveillée de sa longue léthargie, relevée de ses rui-
nes et rendue à son ancienne splendeur.

Tels seraient les effets principaux de cette grande
mesure, mesure éminemment nationale, qui en
peu de temps renouvellerait la face du midi de la
France.

La force de ces raisons auxquelles il est difficile,
nous le pensons, de rien objecter de sérieux, nous
fait espérer que le gouvernement et les chambres
voudront bien prendre en considération un projet
qui se distingue par de pareils avantages.

Paris, 24 avril 1840.

PARIS. — IMPRIMERIE DE BEAULÉ, RUE FRANÇOIS-MIRON, 8.

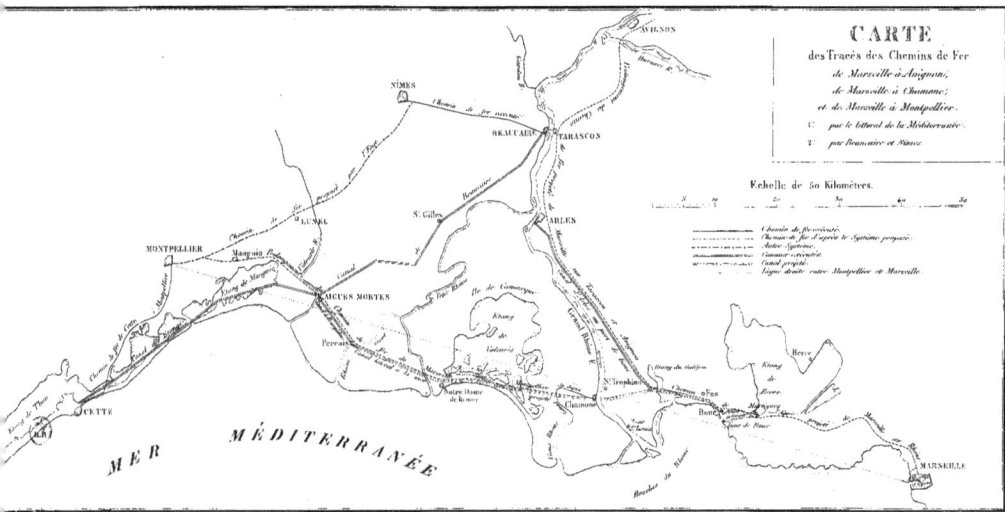

CARTE
des Tracés des Chemins de Fer
de Marseille à Avignon,
de Marseille à Chamone;
et de Marseille à Montpellier.
1.°   par le littoral de la Méditerranée.
2.°   par Beaucaire et Nîmes.

Echelle de 50 Kilomètres.

Chemin de fer existant.
Chemin de fer d'après le Système projeté.
Autre Système.
Canaux existans.
Canal projeté.
Ligne droite entre Montpellier et Marseille.

AVIGNON

NÎMES

BEAUCAIRE   TARASCON

S.t Gilles

ARLES

LUNEL

MONTPELLIER   Mauguio

CETTE   JACQUES MORTES

Perrols

S.te Marie
de la mer

S.t Stephens   Chaumont

Bouc

MARSEILLE

MER   MÉDITERRANÉE

www.ingramcontent.com/pod-product-compliance
Lightning Source LLC
Chambersburg PA
CBHW060509200326
41520CB00017B/4970